DE L'IMPOT SUR LES MUTATIONS.

RÉVISION DES TARIFS.

Les plus faibles droits de mutation entre vifs, à titre gratuit ou par décès, devraient être au moins égaux aux droits perçus sur les mutations à titre onéreux.

On doit entendre ici par impôt sur les mutations les droits perçus par la régie de l'enregistrement sur les mutations ou transmissions de biens en conformité des lois fiscales en vigueur.

Ces droits, qui sont toujours proportionnels, varient :

1° Selon qu'il s'agit de meubles ou d'immeubles ;

2° Selon que les transmissions s'opèrent à titre onéreux ou gratuit, entre vifs ou après décès ;

3° Selon qu'il s'agit de parents ou d'étrangers, et, dans le premier cas, selon les degrés de parenté ;

4° Selon la nature des contrats.

Ils sont perçus, soit lors de l'enregistrement des actes, soit sur des déclarations faites par les particuliers en conformité de tarifs formés à l'aide de combinaisons très-ingénieuses, sans doute, mais trop multipliées, et qui, telles qu'elles sont, reposent sur des bases qui blessent les principes de l'équité.

Les droits sont plus élevés pour les mutations immobilières que pour les mutations mobilières. La base n'est pas la même alors qu'il s'agit de meubles ou d'immeubles, selon que la mutation s'opère à titre gratuit entre vifs ou par décès, ou à titre onéreux.

Ici la loi prend en considération la qualité de la personne qui reçoit, là la forme du contrat, les circonstances où la mutation s'opère.

Toutes ces distinctions sont-elles bonnes? Bonnes alors, le sont-elles encore aujourd'hui? C'est ce qu'il convient d'examiner.

Il serait superflu de dire que l'Etat ayant des charges, il faut nécessairement des impôts : il l'est peut-être moins de répéter que chacun doit contribuer aux charges en raison des avantages qu'il retire de la protection sociale; car il reste à faire pour arriver à une répartition entièrement équitable.

Pour appeler l'attention il suffit de citer un exemple :

Un fils achète de son père un immeuble (bien rural), moyennant 100,000 fr.

Il doit le prix de l'acquisition à son vendeur, et à la régie, pour impôt proportionnel de mutation, 6050 fr.

Ce fils trouve un immeuble semblable dans la

succession de son père, il n'a aucun prix à payer; cependant l'impôt qui lui sera réclamé n'est que de 550 fr., soit moins du onzième du premier impôt.

Les raisons de cette énorme différence sont, 1° que pour les mutations à titre onéreux, le droit se perçoit sur la valeur vénale, le prix de la chose vendue, à un même taux de 5 fr. 50 c. p. $^{o}/_{o}$, plus le décime pour tous, tandis que pour les mutations à titre gratuit le droit n'est calculé que sur le revenu multiplié par 20 : ainsi les biens ruraux produisant en moyenne 2 1/2 p. $^{o}/_{o}$, tandis que le droit de vente se paie sur 100,000 fr., valeur vénale, le droit de mutation par décès sur le même immeuble d'un revenu de 2,500 fr., n'est liquidé que sur 50,000 fr., différence moitié.

Or, cette première différence, qui est déjà de moitié, n'existait pas à l'époque où a été faite la loi du 22 frimaire an VII, car alors les immeubles produisaient environ 5 p. $^{o}/_{o}$ de revenu.

2° Reste à expliquer une différence de près de 1 à 6.

Elle vient de ce que dans le cas d'acquisition le fils reste dans la loi commune de tout acquéreur, tandis que, lorsqu'il hérite, il lui est fait par la loi une position de faveur toute spéciale.

Cet exemple seul de deux mutations d'un même objet, entre les mêmes personnes acquittant l'une 55 c. p. $^{o}/_{o}$ de la valeur vénale et l'autre 6 fr. 5 c. p. $^{o}/_{o}$ de la même valeur, fait sentir la nécessité de réviser les tarifs.

En l'an VII, cela a été observé plus haut, les biens ruraux produisaient environ un revenu de 5 p. °/₀; il pouvait donc paraître indifférent alors de prescrire que, pour les mutations à titre onéreux, le droit serait établi sur le prix de l'immeuble, et que, pour les mutations entre vifs à titre gratuit ou par décès, il le serait sur le revenu capitalisé par 20; on avait pour raison à l'appui de cette distinction que, pour les mutations à titre onéreux, on atteignait d'une manière plus étroite, plus directe, la valeur transmise déterminée par le prix de vente indépendant du revenu, tandis que, pour les mutations à titre gratuit ou par décès, là où il n'y a pas de prix de vente, on se croyait plus certain de connaître le revenu; mais pour maintenir l'équilibre de l'impôt, il eût fallu modifier les tarifs en raison des différences produites par l'écart entre la valeur vénale et le revenu multiplié par 20; on n'en a rien fait: l'équilibre établi en l'an VII est depuis nombre d'années faussé dans la proportion de 1 à 2.

Cette base du revenu, multiplié par 20 ou par tout autre chiffre, est-elle bonne?

L'impôt foncier qui se perçoit annuellement est sagement basé sur le revenu net : il atteint ce revenu sans égard à la valeur vénale; la perception en est suspendue en cas de délaissement de la propriété; dans certains cas, la réduction est prononcée. Lorsque le revenu fait défaut, le propriétaire est déchargé de l'impôt; c'est justice : que pourrait-on, en effet, demander au propriétaire, si ce n'est une fraction du revenu net qu'il retire de sa propriété ?

L'impôt sur les mutations est régi par un autre principe : il doit atteindre la valeur transmise au moment de la mutation, valeur réalisée pour les mutations à titre onéreux par le prix fixé, valeur toujours réalisable au gré du nouveau propriétaire, donataire, héritier ou échangiste : tout impôt sur les mutations doit donc être liquidé sur la valeur vénale.

Tel qu'il est établi en matière de mutations immobilières sur un revenu multiplié par 20, il frappe inégalement les contribuables ; à valeur vénale égale, il est plus lourd sur les propriétés bâties qui offrent un meilleur revenu que sur les propriétés rurales, lesquelles ne rendent guère que 2 et demi pour 100.

La perception de l'impôt ainsi réglée peut arriver à un état d'exagération qui dépasse toutes les prévisions. Exemple : il dépend d'une succession une maison louée par bail courant, au jour du décès, au prix de 10,000 fr. par an ; cette maison, à cause de sa vétusté ou de toute autre cause, n'a peut-être plus qu'une année à demeurer debout ; c'est une propriété qui ne se vendrait peut-être pas 20,000 fr. ; cependant, sous l'empire de la loi actuelle, l'héritier devra les droits sur un revenu capitalisé par 20, soit sur 200,000 fr. ; liquidez le droit à 9 p. 100, ainsi qu'il est fixé entre étrangers,

vous aurez sur 200,000 f., à 9 p. 100. . 18,000 f.
dixième. . 1,800 f.
total. . . . 19,800 f.
valeur restant au donataire, 200 fr.

L'impôt frappe inégalement les contribuables ; mais, dira-t-on, il est plus facile à régler : mauvaise raison, erreur nouvelle !

En déterminant les bases du revenu multiplié par 20 pour les mutations à titre gratuit ou par décès, et les échanges des biens immeubles, les législateurs de l'an VII ont songé à la ressource des baux pour contrôler les déclarations des particuliers.

Les lois précédentes, en effet, et celle même de l'an VII, contenaient des dispositions qui semblaient rendre obligatoire l'enregistrement de tous les baux ; mais la jurisprudence a fait justice des prétentions de-la régie de l'enregistrement à cet égard ; les baux sont devenus plus rares à mesure que la propriété s'est divisée ; il y en a un grand nombre qui ont été faits verbalement ; en somme, un très-petit nombre est présenté à la formalité, de telle sorte que la régie est loin d'y trouver un moyen suffisant de contrôle, et que la base du revenu, désavantageuse pour le Trésor, a encore l'inconvénient d'offrir des inégalités dans la répartition de l'impôt.

Dans l'état des choses, la valeur vénale d'un immeuble transmis à titre gratuit, par décès ou par échange, est-elle, en effet, plus difficile à constater que le revenu de ce même immeuble?

Dans les deux hypothèses de la donation ou de la vente, il s'agit de contrôler la déclaration des particuliers ; or, le chiffre des valeurs transmises à titre onéreux est plus élevé que celui des mutations opérées à titre gratuit ou par décès ; les employés de la régie voient plus de ventes par adjudication publique qu'ils n'enregistrent de baux : la valeur vénale devrait donc être plus facile à constater que le revenu ; d'ailleurs, en se servant d'une seule base pour toutes les mutations, on multiplierait ainsi les données qui se contrôleraient les unes par les autres.

On ne saurait croire combien la distinction établie augmente les difficultés de l'expertise ; c'est en vain que la loi recommande aux experts : ici, de n'avoir égard qu'au revenu ; là, de ne considérer que la valeur vénale ; le revenu étant toujours dans un certain rapport avec la valeur vénale, les experts livrés à la recherche de la vérité prennent un terme moyen qui s'écarte souvent des prescriptions de la loi.

La distinction présente encore des inconvénients préjudiciables aux intérêts du Trésor ; il peut être utile d'en citer quelques-uns :

Il y a telles donations où le montant des charges dépasse le revenu multiplié par 20 des immeubles donnés ;

Telles successions où le montant des legs est plus élevé que le revenu capitalisé des immeubles qui en font partie.

Enfin, dans les cas où le receveur doit opérer une liquidation de communauté, comment fera-t-il imputer les reprises des époux sur des revenus capitalisés? C'est là une source de confusion et d'inégalités.

Il est donc urgent de revenir à une base unique de perception pour toutes les mutations immobilières, celle de la valeur vénale; il ne faut pour cela qu'un retour vers le principe posé dans la loi de l'an VII elle-même, où il est dit, art. 4.: « Les droits seront perçus sur les valeurs, » en conservant à cette expression *valeurs* sa signification propre, qui n'implique point l'idée de la recherche d'un revenu à capitaliser, à multiplier par un chiffre quelconque.

A l'égard du Trésor, cette mesure aurait pour effet de soumettre à l'impôt certaines valeurs que les législateurs de l'an VII ont eu en vue d'y soumettre et d'augmenter de 3/10es environ les droits perçus sur les revenus capitalisés d'après la loi en vigueur.

Les droits sur les mutations à titre gratuit entre vifs ne sont pas de même quotité que ceux qui s'appliquent aux mutations par décès ; la proportion des droits varie en outre selon la nature des objets mobiliers ou immobiliers, selon les degrés de parenté directe ou collatérale ; elle n'est plus la même quand la mutation s'opère entre étrangers, la proportion varie encore pour les mutations entre vifs, selon les circonstances où la donation est faite.

Cette complication ne pourrait-elle être simplifiée ?

On conçoit que les droits ne soient pas les mêmes pour les mutations immobilières que pour celles mobilières : les valeurs immobilières sont plus stables, moins périssables, par conséquent plus recherchées ; la loi environne cette nature de propriété d'une protection plus spéciale; l'impôt doit être plus élevé.

On comprend que l'impôt de mutation payé par le donataire, l'héritier en ligne collatérale, soit plus élevé que celui payé par le donataire, l'héritier en ligne directe ; que l'impôt acquitté par l'étranger soit supérieur à celui dû par l'héritier ou donataire en ligne collatérale, mais proche parent ; les degrés de parenté détendent en s'éloignant les liens de la famille ; dans le dernier cas c'est l'affection qui est substituée au lien de famille : c'est avec raison que la société, qui a des besoins, peut élever le taux de sa prime à mesure que les liens qui unissent le donataire au donateur s'affaiblissent.

Mais pour quelles bonnes raisons établir des distinctions selon que les mutations ont lieu entre vifs ou par décès, ou entre vifs dans telles ou telles circonstances ?

Que le fils reçoive du vivant de son père ou après son décès, par contrat de mariage ou hors contrat de mariage, un peu plus tôt, un peu plus tard, c'est toujours là une mutation du père au fils ; le fisc a peu à s'en préoccuper. Il est vrai que la loi civile a en vue de favoriser certaines mutations dans le sein des familles, celles, par exemple, qui ont lieu par contrat de mariage ; la loi fiscale n'est pas nécessairement le corollaire de la loi civile ; les conventions de mariage sont favorisées par la loi civile, de nouvelles faveurs de la loi fiscale sont superflues : elles ont très-peu d'effet, elles ne sont pas commandées par l'équité; toute distinction entre les mutations entre vifs, à titre gratuit ou par décès, semble devoir être effacée de la loi fiscale.

Voici une anomalie résultant de ces distinctions : elle est consacrée par l'art. 3 de la loi du 16 juin 1824. Un enfant unique, donataire du vivant de ses père et mère, acquitte des droits quatre et cinq fois plus élevés que tous les enfants de mêmes père et mère à qui il est fait semblable donation, sous condition de partage. Est-ce là de l'égalité ?

La législation, en accordant à chacun la faculté de disposer de son bien de son vivant ou pour cause de décès, a permis par là d'ajouter ou de substituer de nouveaux articles à la loi écrite, et la société garantit l'exécution de ces nouvelles dispositions au même titre que celle des articles du Code.

Dès lors que le passage de la propriété d'une tête sur une autre s'opère par l'effet de la loi ou par l'effet d'un acte emportant libéralité, il paraît rationnel que la loi fiscale y demeure indifférente ; la loi actuelle, qui a reconnu ce principe en matière de mutation par décès, devait également l'appli-

quer indirectement à tous les actes de libéralité
entre vifs.

On trouve dans ce raisonnement un motif de
plus à l'appui de la conclusion émise plus haut.

Ces explications n'étaient pas inutiles avant
d'arriver à la fixation des droits de mutation par
décès en ligne directe.

Dans le droit actuel les enfants ont leur person-
nalité comme propriétaires; le père mort, l'enfant
est encore censé continuer la personne de son au-
teur, mais pas avec la qualité d'héritier sien et né-
cessaire. Il est héritier par le droit naturel et ci-
vil; à ce titre il possède la chose possédée par son
père, mais il n'a jamais été co-propriétaire du vivant de son père. Comme sous l'empire du droit
romain, la dette des aliments ne constitue point
une co-propriété, non plus que le droit à la ré-
serve, car de son vivant le père peut toujours
aliéner.

Il s'opère donc à la mort du père une véritable
mutation au profit des enfants; l'impôt étant le
prix de la protection sociale, les enfants qui hé-
ritent de leurs père et mère doivent acquitter le
prix de cette protection. C'est au moment où ils
recueillent des valeurs dont ils avaient la juste ex-
pectative, qu'ils sont appelés à le faire.

Ce principe est consacré par les lois de 1790 et
de l'an VII, mais il l'a été par une main timide
qui, venant de faire une conquête sur le droit
coutumier, a transigé avec le passé, heureux de

déguiser une victoire longuement disputée sous l'extrême modération des tarifs.

Actuellement que le principe est affermi par le temps, en présence des besoins de la société, en vue d'établir une juste répartition des charges, il paraîtrait convenable de fixer le taux de l'impôt de toute mutation en ligne directe, par décès ou par donation entre vifs, à 2 p. % sur les meubles, à 4 p. % sur les immeubles. (*Tarifs actuels*: Meubles, 62 c. 1/2, 25 c., 1 fr. 25 c. p. %. — Immeubles, 1 fr., 2 fr. 75 c., 4 fr. p. %.)

Si ce taux paraît élevé, ne peut-on pas répondre qu'aucun moment n'est plus favorable pour payer un impôt que celui où l'on reçoit des valeurs sans bourse délier; — que l'Etat a des besoins; — que les doctrines qui tendent à se produire doivent rendre les propriétaires conciliants, enfin que les mutations à titre gratuit ont moins de titres au dégrèvement que les mutations à titre onéreux, l'acquéreur d'un bien ne faisant, en définitive, qu'un échange de valeurs?

Contrairement à ce qui existe, c'est au même taux que l'on pourrait fixer les drois de mutations entre époux, parce que les mutations de cette nature, résultant toujours de dispositions écrites, sont le prix de l'affection et du dévouement, enfin parce que, en raison du moment où elles se réalisent au profit du donataire, elles font espérer à la société, qui doit être patiente, une prochaine mutation. (*Tarifs actuels*: Meubles, 75 c., 1 fr. 50 c.

p. °/₀. — Immeubles, 3 fr., 4 fr. 50 c. p. °/₀.)

On pourrait fixer ensuite les droits pour les successions en ligne collatérale entre frères et sœurs, oncles et tantes, neveux et nièces, entre grands oncles et grand'tantes, petits-neveux et cousins-germains, à 4 p. °/₀ sur les meubles, à 6 p. °/₀ sur les immeubles. (*Tarifs actuels* : Meubles, 2 fr., 2 fr. 50 c., 3 fr., 4 fr. p. °/₀. — Immeubles, 4 fr. 50 c., 5 fr., 6 fr. 50 c., 7 fr. p. °/₀.)

Entre tous les parents au-delà du quatrième degré et entre étrangers, à 6 p. °/₀ sur les meubles, et à 8 p. °/₀ sur les immeubles. (*Tarifs actuels* : Meubles, 3 fr., 4 fr., 5 fr., 6 fr. p. °/₀. — Immeubles, 5 fr., 6 fr., 8 fr., 9 fr. p. °/₀.)

Ainsi, les parents au-delà du quatrième degré seraient mis sur le même rang que les étrangers; pourquoi en serait-il autrement? Aujourd'hui l'esprit de famille n'existe plus comme par le passé, la valeur du nom des aïeux tend chaque jour à s'effacer. L'homme est tout par lui-même; les liens au-delà du quatrième degré s'affaiblissent plus qu'autrefois en s'éloignant; la volonté exprimée par le donateur qui appelle un étranger à sa succession n'est-elle pas aussi respectable que le droit d'un parent déjà éloigné, inscrit dans la loi, en vue de protéger l'esprit de famille?

Ainsi, termes les plus bas, 2 et 4, termes les plus élevés, 6 et 8.

Des taux modérés et assez uniformes, sans fixer des chiffres trop élevés qu'une bonne économie administrative doit repousser du rang des impôts.

Comme conséquence du principe que les mutations à titre onéreux méritent plus la faveur des
dégrèvements que les mutations à titre gratuit ou
par décès, il serait utile de revenir au tarif de 4 p.
$^{\circ}/_{\circ}$ pour les transmissions immobilières à titre
onéreux, et de supprimer dans tous les cas la perception du droit proportionnel de transcripiton.

Le droit de 5 f. 50 c. p. $^{\circ}/_{\circ}$, soit de 6 f. 5 c. p. $^{\circ}/_{\circ}$
avec le dixième, paralyse les transactions par son
exagération; la réduction de 2 fr. 5 c. p. $^{\circ}/_{\circ}$ (voir
plus loin pour le décime) tendrait à multiplier
les mutations de cette nature, et l'on ne doit pas
perdre de vue qu'il suffirait du mouvement de un
tiers en sus dans les valeurs immobilières pour
maintenir les produits ordinaires; le droit de
transcription envisagé isolément est un droit injus-
tifiable. Quoique réuni au droit de mutation par la
loi de 1816, il ne repose pas moins sur un principe
vicieux, celui de faire payer à l'acquéreur une garantie qui est la conséquence de la moralité des
contrats. Il devrait être reconnu en principe que
l'impôt pour la mutation une fois acquitté, l'acquéreur, nouveau possesseur, a droit gratuitement
à la garantie de la transcription.

Chaque jour la propriété foncière se divise et se
subdivise par le morcellement. Aux yeux de quelques-uns c'est une bonne chose en ce qu'il y a un
plus grand nombre d'individus intéressés à la
conservation de la propriété; mais l'expérience a
démontré que la culture en grand est plus pro-

ductive que celle qui agit isolément sur de petites parcelles. De là, en partie, la tendance à la recomposition des grands héritages ; cette recomposition des grandes parcelles a lieu assez souvent par voie d'échange.

La loi actuelle favorise cette nature de mutations par un abaissement du taux de l'impôt. Un échange d'immeubles opère en fait deux mutations. Sans aller jusqu'à prétendre qu'il serait juste d'astreindre ces mutations à un double impôt, n'est-il pas raisonnable de les assimiler à la vente et de percevoir également un droit proportionnel de 4 fr. p. $^o/_o$ sur la plus forte des deux valeurs immobilières échangées ?

Chaque échangiste nouveau propriétaire profitera encore d'une réduction de moitié du droit qu'il aurait acquitté si, au lieu d'abandonner une valeur immobilière en paiement de l'immeuble reçu, il s'était libéré en valeurs mobilières de quelque nature que ce fût.

Les tarifs de la loi du **22** frimaire an VII ont été surélevés par la loi du 6 prairial de la même année.

A compter du jour de la publication de cette loi, il a été perçu, à titre de subvention extraordinaire de guerre, un décime par franc en sus des droits d'enregistrement, de timbre, hypothèques, droits de greffe ; cette perception, qui ne devait être faite que provisoirement pendant la durée de la guerre, a été maintenue d'année en année dans tous les budgets de recettes ; l'amélioration produite par la combinaison des tarifs proposés permettrait de rentrer prochainement par la suppression définitive du décime dans la voie de l'unité et de la vérité.

Ces nouvelles combinaisons, appliquées aux recettes de la régie, de l'enregistrement, du timbre et des domaines pour l'année 1845, prise pour moyenne, donnent les résultats développés sur un tableau déposé au bureau de la commission des finances.

A ces ressources on pourrait ajouter, sans plus tarder, le produit des droits à établir sur les mutations, à titre gratuit ou par décès, de rentes françaises.

Ces mutations pourraient produire environ 4,000,000 fr.

Résultat.

Augmentation sur les successions et donations entre vifs, y compris les droits sur les rentes.   77,000,000 fr.

Diminution sur les mutations d'immeubles à titre onéreux, et suppression du droit proportionnel de transcriptions. . . . . .   23,000,000 fr.

Boni pour le Trésor. . . . . .   54,000,000 fr.

Ch. HUMBERT,
6, rue Castiglione.

Paris. — Imprimerie d'A. René, rue de Seine, 32.

www.ingramcontent.com/pod-product-compliance
Ingram Content Group UK Ltd.
Pitfield, Milton Keynes, MK11 3LW, UK
UKHW020153080726
13614UKWH00006B/2549